AF229037

DIALOGUE

ENTRE

LOUIS XVIII

ET NAPOLÉON.

Par Victor de Bagnères (H.^{tes}-Pyrénées).

SECONDE ÉDITION.

BAGNÈRES.

SE VEND CHEZ JEAN-MARIE DOSSUN, où l'on trouve le catéchisme du diocèse et autres livres de piété, des livres classiques, d'histoire, littérature, etc.; des avertissemens et contraintes pour le recouvrement des contributions, et autres états utiles à MM. les percepteurs. Il imprime mémoires, affiches, et toutes sortes de tableaux ou états.

Avec Permission.

1816.

AVANT-PROPOS.

L'ACCUEIL que le Public a fait à mon dialogue, m'engage à lui en offrir une seconde édition moins imparfaite que la première.

Les contrastes plaisent à l'œil et au cœur de l'homme. Opposer Louis XVIII à Buonaparte, c'est opposer le vice à la vertu, la lumière aux ténèbres. On verra dans Napoléon un homme dévoré d'ambition, sacrifiant tout au désir de régner, traitant les hommes comme de la paille pourrie, pour me servir de l'expression de Marmontel. Plusieurs personnes, mieux intentionnées qu'éclairées, se sont récriées contre cette expression. J'avoue qu'elle n'est pas noble, mais elle est vraie; les tyrans effrénés de ce misérable globe en usent ainsi envers leurs semblables. Que les critiques me la pardonnent donc. Puisque Marmontel se l'est permise, je puis bien en faire usage, moi qui suis auprès de Marmontel ce qu'un atôme est auprès d'un éléphant.

VICTOR.

DIALOGUE

ENTRE

LOUIS XVIII

ET NAPOLÉON.

Louis. Quel est cet homme qui vient avec un air si fier et si menaçant ? Sa phisionomie est agitée ; il paraît qu'il cache des desseins profonds dans son âme. Ah ! c'est *Buonaparte* ; oui, c'est lui-même : gardes, introduisez-le.

Napoléon. Je suis ici pour m'expliquer définitivement avec vous ; j'ai besoin d'un entretien long et secret.

L. Votre visite m'étonne ; venez-vous me faire quelques tours des vôtres ; venez-vous encore conspirer contre ma personne et la sûreté de l'État ? ma personne est dévouée à tout ; mais, pour l'amour de Dieu, n'affligez plus la terre ; votre ambition accable l'humanité, en convenez-vous ?

N. Non, Sire.

L. Comment ! vous unissez la perversité au délire ! N'êtes-vous pas le moderne Attila ?

N. Non, Sire.

L. Je vous ai dit que vous étiez pervers et

aveugle tout à la fois, vous unissez l'imperturbabilité à la dépravation ; c'est assez le caractère des coupables qui ont voulu se rendre fameux.

N. Sire, je vois que mes malheurs me rendent méprisable ; mais votre âme est trop généreuse pour mésuser de ma situation. Je vais vous ouvrir Buonaparte tout entier ; vous le haïrez peut-être plus ; mais vous le connaîtrez davantage.

L. Les Bourbons ne savent haïr personne ; ils répriment, ils pardonnent ; mais lorsqu'un coupable obstiné. . . . .

N. Buonaparte vaincu sera trouvé coupable.

L. Je vous entends, c'est-à-dire que vous croyez que la victoire justifie les attentats ; c'est une erreur en morale ; ma cause n'était pas moins juste quand je fus lâchement trahi par ceux à qui j'accordais ma confiance.

N. J'ai cherché les avantages de la puissance et de la domination, et peu m'importe que j'aie dû mes succès à des crimes ou à des vertus.

L. Je ne suis plus surpris de vos diverses réussites ; mais le succès du crime ne peut être durable.

N. Si j'avais eu la sévérité de votre morale, j'aurais toujours peut-être croupi dans l'obscurité. Nés pour la gloire et la domination, Alexandre et César ne trouvaient de bonheur que sur les trônes ou à l'ombre des lauriers ; le sang de ces héros circule dans mes veines.

L. Un peu de sang de Cartouche et de Man-drin ne s'y serait-il pas mêlé par hasard ?

N. Sire . . . .

L. Je n'ai pas mis peut-être assez de noblesse dans ma comparaison ; je me pique de plus de sincérité que d'éloquence.

N. Je sens que ma disgrace m'expose à tous les mépris ; mais mon âme n'a rien perdu de sa fierté et de sa grandeur.

L. Avez-vous pu mettre de la fierté et de la grandeur à opprimer les hommes ?

N. Il est impossible, ou du moins très-dif-ficile, d'unir beaucoup de vertu à beaucoup de puissance.

L. Je prouverai le contraire de votre asser-tion ; je me ferai aimer des Français dont je suis le Roi légitime.

N. J'étais Empereur moi aussi.

L. Et de quel droit ?

N. Du droit canon et par la force des armes.

L. Belle jurisprudence !

N. L'épée a tout fait jusqu'ici.

L. L'épée est une arme meurtrière ; elle a servi plus souvent à la cause du crime qu'au triomphe de la vertu. Dans l'enfance imbécille du monde, la force et la beauté étaient des titres suprêmes ; mais le perfectionnement de la so-ciété a établi d'autres fondemens, et le temps a rendu le trône une propriété.

Mes aïeux ont depuis long-temps été les chefs de la France, et furent toujours les pro-tecteurs du peuple. Louis X affranchit les

Français de la servitude, en déclarant que son royaume étant le royaume des *Francs*, devait être libre. Philippe-le-Bel remplaça les champs de mai, où les seuls grands de la Nation et les nobles étaient appelés, par les états-généraux, où les communes furent admises. Louis XI débarrassa la France de la tyrannie des seigneurs ; tous les règnes de ses successeurs furent marqués par des actes très-bienfaisans et protecteurs. Enfin, Louis XVI qui, à la honte du siècle, a terminé sur l'échafaud une vie innocente et vertueuse ; Louis XVI avait convoqué les états-généraux, avait aboli la servitude et la question, et proclamé la liberté de l'espèce humaine : il avait voulu que dans les deux hémisphères l'homme fût libre ; il avait fait tous les sacrifices pour lui procurer cette liberté, présent le plus beau que le ciel ait fait à la terre ; vous savez, Monsieur, de quelle affreuse ingratitude la conduite de Louis XVI a été payée par ce siècle abominable.

N. Si les Français furent égarés, pervers et criminels, je n'en suis pas la cause.

L. Je ne vous le dis pas ; mais vous vous êtes revêtu de la dépouille sanglante de mon frère, vous avez profité du sang de l'innocent ; vous avez opprimé la Nation française, vous l'avez immolée à votre ambition insatiable, et vous avez souillé la palme des héros par le sang de nombreuses et d'augustes victimes.

N. Je me suis servi des hommes, parce que

je les ai crus instrumens de ma grandeur; les hommes sont des marionnettes dont je tiens les fils et les ressorts.

L. Vous blasphémez le ciel et les hommes; ceux-ci sont des êtres sublimes et intelligens que vous avez traités avec un insultant mépris. O ciel ! à qui aviez-vous livré les destinées de mon peuple !

N. Votre exclamation prouve pour votre vertu, mais non pour votre connaissance des hommes; beau malheur quand cette vermine coupable serait exterminée pour mon profit !

L. Malheureux ! vous ne craignez pas que le ciel vous écrase ! L'homme est la plus parfaite des créatures ; l'homme est le seul être à qui Dieu ait accordé une portion de cette intelligence capable de mesurer le ciel, de s'élancer au de-là des bornes du monde, de saisir, pour ainsi dire, la Divinité dans la contemplation de ses admirables ouvrages.

N. L'homme est un amas de boue grossière, périssable, plein d'ignorance et d'orgueil, d'égoïsme et de bassesse, que le temps doit dissoudre et disperser dans la nuit du néant, comme l'a dit très-bien le trop célèbre Lucrèce qui, dans ses vers élégans et sublimes, a prouvé que l'homme vertueux ou vicieux, innocent ou criminel, bourreau ou victime, devait s'engloutir tout entier dans le gouffre d'une nuit éternelle.

L. Je ne suis pas surpris si vous avez traité les hommes comme de la paille pourrie,

N. J'ai tout sacrifié à la soif de régner, et pourvu que je réussisse, j'ai cru avoir rempli ma destinée ; je me suis cru né pour maîtriser les humains, et j'ai préféré la célébrité, même des attentats, à la triste obscurité du sage ; j'ai voulu me faire craindre des hommes, et je tiens fort peu à leur frivole amitié ; le trône, la puissance, la domination, voilà les objets de mes vœux ; je n'ai jamais cru devoir acheter à très-haut prix ces trésors précieux et indispensables à mon bonheur.

L. Tyran farouche, ton mépris cruel pour l'espèce humaine, me décèle ton âme cadavéreuse : on ne te ferait pas un crime de ton indifférence, mais on te reprochera toujours ta cruauté basse et soupçonneuse, ta perfidie cruelle, ta politique rampante, ta dissimulation, ton manque de foi. Que je rends grace au ciel d'avoir reçu une âme sensible et droite ! je préférerai une chaumière à un trône, si celui-ci devait être baigné dans le sang et dans les larmes. L'Europe entière a été témoin de ma générosité ; j'avais fait abandon de la grandeur et du pouvoir en faveur des hommes que tu vas sacrifier ; et si j'ai consenti à reprendre les rênes du royaume, c'est pour empêcher la misérable espèce des hommes de devenir complètement ta proie. Si Buonaparte régnait quelques jours, l'Europe entière serait changée en gémonie, et cet hémisphère en désert ; j'arrache, pour ainsi dire, de ta main la faulx de la mort, pour incliner sur mes malheureux sujets l'olive de la paix et mon sceptre d'ivoire.

N. Prenez garde de vous perdre à force de bonté.

L. Si la vertu et la bonté doivent causer ma ruine, je bénirai le ciel dans mes derniers soupirs; j'aurai acquitté la dette de la vertu; mon dernier moment sera pour moi le soir d'un beau jour, et vous mourrez le blasphème à la bouche et le désespoir dans le cœur.

N. Les remords sont les fruits de la crainte, et je ne crains rien.

L. Tu affectes une philosophie dont tu n'es pas capable : les remords te suivront par-tout.

N. Les dieux ne pourront rien sur moi, quand la mort aura détruit mes organes. Lucrèce, poëte dont je suis l'enthousiaste, m'a appris à braver leurs vains courroux, et à mépriser les horreurs de la tombe.

L. J'ai lu Lucrèce tout comme vous, j'admire sa poésie élégante, énergique; mais j'abhorre ses principes; il a brisé les nœuds de la morale, et a autorisé les hommes à tout oser. Je suis religieux, parce que la religion me console, elle m'offre un port dans les tempêtes de la vie, et un Dieu qui vengera dans l'éternité les injustices du temps.

N. Eh! qui vous a dit qu'il y a une autre vie?

L. Ma conscience, ma raison et l'acclamation du genre humain.

N. Mais, laissons pour un moment toute discussion métaphysique; il me tient à cœur de vous prouver la vérité d'une assertion que j'ai tout à l'heure avancée : oui, les Bourbons ont des obligations à Buonaparte.

L. Je vous ai déjà dit que les Bourbons ne sont pas des ingrats. Expliquez-vous; je suis impatient de vous voir établir vos preuves.

N. Prêtez-moi une oreille attentive; écoutez-moi avec l'indifférence d'un juge, plutôt qu'avec les passions d'un ennemi.

L. Soyez-en sûr; parlez.

N. Personne n'oubliera jamais les époques mémorables où la France s'est trouvée depuis le jour fatal, peut-être, où la Nation française renversa l'antique gouvernement monarchique, et brisa le sceptre qu'avaient tenu vos aïeux; j'étais à Paris, témoin des scènes tragiques, des convulsions populaires, des chocs de tous genres qui agitaient la nation et le monarque; les Français, après avoir détruit l'édifice sacré des dieux et des rois, furent, à diverses reprises, victimes de toutes sortes de tyrannies; un directoire, composé de cinq automates lâches et voluptueux, s'engraissait nonchalamment de la substance de ce peuple qui courbait servilement la tête sous la tyrannie orgueilleuse et insultante des *Quinqué-virs*; moi seul, après avoir étonné l'Orient par ma valeur et mon courage, moi, dis-je, osai braver ces insolens despotes et en débarrasser les Français; le directoire fut forcé de quitter un trône déshonoré par la mollesse, la rapine, la lâcheté et tous les vices attachés aux tyrans. Ces fastueux et indolens satrapes me laissèrent libre une enceinte qu'ils ne purent défendre; les directeurs ont fui, et Napoléon prouva à l'Europe étonnée qu'il savait défen-

dre et régir les États. Depuis lors, ma car-
rière fut signalée par des actes de sagesse, de
politique et de valeur.

L. Le récit de votre conduite est exact,
l'Europe en fut informée ; mais peut-être cet
acte audacieux de votre part, annonçait votre
disposition à la tyrannie : Sylla comme vous,
avait profané le sanctuaire des lois ; il était en-
tré, les armes à la main, dans ce temple au-
guste et sacré ; vous venez à l'appui de ce que
je vous ai dit d'avance, en vous assimilant aux
tyrans de l'ancienne Rome ; mais quand bien
même votre procédé eût été légitime et vertueux, quelle reconnaissance vous doivent
les Bourbons d'avoir usurpé leur pouvoir ?

N. Dans l'état de trouble et d'anarchie où se
trouvait la France, si un homme de mon caractère n'eût été là, que serait devenue cette
belle Nation qui vous avait banni de son sein,
et qui ne pouvait plus obéir qu'à une horde
méprisable de tyrans effrénés et dissolus ?
Vous sentez les conséquences de ces principes.... J'ai donc des droits à votre reconnaissance ? C'est moi qui ai abattu le rempart
que la Nation avait élevé entre le trône et vous.

L. Il y a du vrai dans vos assertions ; mais
de combien de crimes l'avez-vous souillé ce
trône qu'avait occupé mes ancêtres depuis des
siècles !

N. Les mots de crime et de vertu se répé-
tent tous les jours ; la définition de ces termes
est arbitraire ; si des êtres sur qui ma conduite
a eu de l'influence, appellent mes actions des

crimes, je leur dirai que ces crimes sont de ma politique et non pas de mon cœur.

L. Vous faites la même réponse que fit Catilina dans le temps où sa patrie, la superbe Rome, était dans une situation pareille à la France; vous ne répondez pas pour cela victorieusement aux reproches qui vous sont adressés.

N. Quel homme est sans reproche et quel héros sans faiblesse ? Alexandre-le-Grand fit périr Parménion et Clitus. Jules-César accabla sa patrie de chaînes humiliantes ; il fut impudique et tyran ; il réunit les droits de l'épée à ceux de l'autel, il fut pontife et roi ; le triomphateur des trois parties du monde perdit la tête à Pharsale. . . . . .

L. Vous avez cette conformité avec lui.

N. Si je lui ressemble par mes malheurs, je lui ressemble par ma gloire.

L. Cette gloire a totalement disparu. Napoléon qu'on surnommait le Grand, a fui lâchement, dupe de son impétuosité et de la savante tactique du modeste, brave et prudent Wellington.

N. J'avoue que ses stratagèmes m'ont dérouté ; j'ai été aussi impétueux qu'il a été rusé ; je n'ai connu que la valeur, et ne me suis jamais piqué de finesse.

L. On ne vous dispute pas l'audace, la fougue, l'impétuosité dans une action ; mais vous n'avez pas cette prudence réfléchie qui caractérise les grands capitaines ; au reste, quand vous ne seriez pas un héros parfait, l'huma-

nité n'aurait pas droit de gémir de votre exis-
tence ; mais vous avez commis des actes de
perfidie , des crimes atroces ; vous avez été
soupçonneux et cruel comme Tibère , sangui-
naire comme Sylla ; vous avez immolé à votre
ambition coupable des milliers de victimes ;
l'humanité entière vous accuse , et l'ombre
plaintive du duc d'Enghien se lève contre
vous ; malgré votre inflexibilité naturelle ,
vous avez dû entendre ses gémissemens la-
mentables au milieu des acclamations de triomphe dont vos coupables adulateurs vous avaient
étourdi. Pour moi , je vous pardonne votre
manque de foi et la violation de vos traités ;
mais si vous aviez été aussi grand homme que
vous prétendiez l'être, vous auriez préféré une
mort glorieuse à l'infamie qui , depuis la
journée mémorable de Mont-St.-Jean , est
devenue votre partage.

N. Dans quel état qu'on soit la vie a des
attraits.

L. Cela est vrai en maxime générale, Scar-
ron a dit : *Vaut mieux goujat debout que
héros enterré* ; mais aux hommes qui , comme
vous, ont joué un rôle étonnant sur la scène
du monde, il ne reste plus que le tombeau, à
moins qu'ils ne veuillent supporter les sifflets
et les huées de leurs contemporains.

N. Je boucherai mes oreilles. D'ailleurs,
est-il bien vrai qu'on soit un lâche pour opposer son âme aux coups du sort ? j'ai prouvé
plusieurs fois que je savais braver la mort ; je

le demande aux débris de mes légions, s'il en subsiste encore ; je le demande à Arcole et Lodi, à Marengo, à Jemmapes et à Fleurus ? Oui, j'ai prouvé mon courage en bravant le trépas, je le prouverai en supportant la vie. La nature et la religion m'en font un devoir.

L. Osez-vous bien implorer la nature et la religion, vous qui vous êtes fait un jeu des autels et des hommes ; vous que le Nil a vu musulman, que la Seine a vu catholique ; mais que le monde reconnaît pour parjure et sans foi, sacrilège impie et dénaturé ?..... Vis cependant si telle est la volonté du ciel ; jai trop de respect pour ses décrets éternels, pour t'exhorter à les enfreindre. Puisse-t-il te pardonner comme moi les maux que tu as faits au monde : je le conjure d'éloigner de tes derniers momens les torches des furies et les gémissemens des ombres qui t'accusent. On ne peut te refuser quelques grandes qualités : tu as donné des preuves de génie, mais presque toujours ce fut celui du mal. A présent que le sort t'a réduit à la condition d'un coupable à qui l'on pardonne, gémis, répends-toi ; ma clémence et celle de l'Europe sera sanctionnée par le ciel. Celui-ci m'a rendu le sceptre de mes pères, je ne le livrerai plus par l'effet d'une générosité qui pourrait devenir fatale à mon peuple.

N. Sire, vous me laissez sans réplique, et moi aussi je fais des vœux pour votre prospérité.